Die Waldhexe

Laura Lambert

Die Waldhexe

Poesie

Bibliografische Information der Deutschen Nationalbibliothek:
Die Deutsche Nationalbibliothek verzeichnet diese Publikation in
der Deutschen Nationalbibliografie; detaillierte bibliografische
Daten sind im Internet über http://dnb.dnb.de abrufbar.

Herstellung und Verlag: BoD – Books on Demand, Norderstedt

ISBN: 978-3-7562-0802-9

Zwischen Bäumen

Und Sträuchern

Verbarg sie sich

Tief im Wald

War sie zu finden

Für jene

Die nach ihr suchten

Wurde gefragt

Um Rat

Wenn es nötig war

War nicht zu finden

Wenn man ihr Böses wollte

War für das Gute

In der Welt

Auch

Wenn es schwer zu finden war

In diesem Tumult

Aus allem

Was je geschaffen

War es auch besser

Sich zu verstecken

Wenn es notwendig war

Die Herzen der Menschen gebrochen

Und alles seinen Lauf nahm

Was hätte sein sollen

Kam es aber doch so

Wie nie erträumt

Musste die Welt sehen

Was geschehen

Mit den Menschen

In Leid und Elend lebend

Den Frieden verloren

Der Hass vorherrschend

War es die Hexe

Die alles wusste

Alles ändern konnte

Wenn sie nur wollte

Mit Worten heilen

Was zerbrochen war

Konnte sehen

Was verloren

War nie mehr zu finden

Im Wald

Der sie verschluckte

Musste sehen

Wie der Weg zu finden war

In die Welt zurück

In die Welt ins Glück

Das den Menschen offen lag

Wenn sie nur wollten

Mussten sich beugen

Vor der Hexe

Die verloren im Wald

Die Fäden zog

Niemals log

Und sich nichts gefallen ließ

Wenn man ihr etwas wollte

Das nicht in Ordnung war

Die Waldhexe

Kennt keine Gedanken

Die ihr fremd sind

Kann alles sehen

Wenn sie nur will

Muss verstehen

Dass nicht alle Worte

Die gedacht

Sich auch in die Realität umsetzen

Muss sehen

Dass es auch Geheimnisse gibt

Aus gutem Grund

Muss sehen

Dass es auch Ungesagtes gibt

Das wertvoll ist

Muss sehen

Dass sie ein Geschenk erhalten

Das gar einzigartig ist

Unter den Menschen

Zu denen sie als Hexe

Eigentlich gar nicht gehört

Verbirgt sich doch im Wald

Fern von ihnen

Dem Wald

Der ihr Schutz bietet

Dort

Wo sie sie selbst sein kann

Ohne Restriktionen der anderen

Kann sie atmen

Lachen

Tanzen

So

Wie es ihr beliebt

Kann sehen und glauben

Was immer sie will

In den Menschen verloren

Muss sich verstecken

Vor ihnen

Ihrem Hass

Ihrer Armut im Herzen

Die es zu beseitigen gilt

Wüsste sie nur wie

Geht der Krieg

Doch Jahre schon

Kann niemand gerettet werden

Ohne sie

Ist sie allein

Doch die Sehende

Die sich beschützen lässt

Vom Wald

Müsste sie doch selbst

Beschützende sein

Von den Menschen

Die sich gegenseitig bekriegen

Wird so doch niemand siegen

Wenn alles so weitergeht

Wie bisher

Die Kriege der Menschen

Unergründlich für die Hexe

Weiß sie doch nicht

Was geschehen

In ihren Herzen

Vor langer Zeit

Als alles seinen Anfang nahm

Muss nun sehen

Wie es weitergeht

Hilft es ihr auch nicht

Zu planen

„Wofür“

Fragt sie sich

„Kann doch eh nicht helfen

Den Menschen

Die meine Hilfe nicht wollen

Kann mich ja nicht aufzwingen

Diesen widerspenstigen Wesen

Die immer

Alles besser zu wissen glauben

Bin doch hilflos

Gefangen hier im Wald

In den sie mich verdrängten

Dorthin

Wo kein Licht mehr scheint

Doch alles sicher ist

Vor ihnen

Die mir Böses wollen

Kann nur Frieden finden

Im Geheimen

Dort

Wo alles versteckt bleibt

Kann nicht gesehen werden

Als das

Was ich bin

Sonst droht mir der Tod

Durch die Menschen

Die in Not

Nicht einmal zusammenhalten können

Wie sie es sollten

Wird alles untergehen

In ihrer Macht

Ohne Herz

Ohne Liebe

Nicht nachgedacht

Nur getan mit Hass

Die Menschen

Denen die Welt gebührt

Die ohne mich dort leben

In den Orten

In den Städten

Die mir fremd

Da ich verdrängt

Am Stadtrand im Wald wohne

Ganz allein

Ohne Freunde

Aber auch

Ohne Hass und Leid

Das die Menschen plagt

Würde so gerne helfen

Doch sind mir die Hände gebunden

Von dem

Was mich zurückhält

Die Menschen selbst

Wissen nicht

Was sie sich kaputt machen

Ohne mich."

Sollten sehen

Wie es weitergeht

Konnte nicht helfen

War verschlossen

Musste sehen

Was geschieht

Mit den Menschen

Die ihre Hilfe nicht wollten

Mussten lernen

Untergehen

In der Masse der Menschen

Die einander hassten

Von Herzen

Mussten sich sehen

Erkennen

Dass etwas falsch lief

Mit ihnen

Mussten sich

Auf die Suche machen

Nach Hilfe

Wussten nicht wo

Waren unzufrieden

Mit ihrem Leben

Mussten alles geben

Um etwas zu verändern

Wussten nicht wie

Hatten den Schlüssel nicht

Mussten ihn erst suchen

Wussten nicht

Dass es die Hexe war

Die sie begraben

Ganz allein gelassen hatten

Mit ihr selbst

Mussten sie suchen

War sie nicht zu finden

Konnte sie nicht gefunden werden

Von den Menschen

Die ihr Böses wollten

War sich am Verstecken

Wusste nicht

Wie sie den Menschen helfen

Ihnen etwas beibringen sollte

Dass sie nicht wussten

Dass sie nicht wissen wollten

Ging es doch

Um Gemeinschaft

Um die Liebe im Herzen

Die in ihnen gestorben

Gar vergraben war

Musste gefunden werden

Von den Menschen selbst

Die Hexe als Hilfe

Nur wussten nicht

Wie sie zu benutzen

Gar nicht die Antwort

Nur zu lieben

So wie sie war

Die Toleranz

An erster Stelle

Das zu lieben

Was verloren

Das ganz anders war

Als sie

Mussten sie wiederfinden

Die Liebe im Herzen

Die alles verändern konnte

Wenn sie nur wollten

Wenn sie nur hörten

Was es zu verstehen gab

Nicht verstanden

Wie wichtig

Die Aufgabe der Hexe

Die lehren sollte

Zu lieben

Die Menschen

Sich selbst

Und auch andere

Die Welt

Um sie herum

Alles

Was da war

Alles

Was es zu sehen

Zu bestaunen gab

Würde den Krieg beenden

Der seit Jahren

Ach

Seit Jahrzehnten schon wütete

In den Herzen der Menschen

Nach außen getragen

In die Welt

Die keinen weiteren mehr braucht

Dieser Art

Dieser Zerstörungswut

Die alles umgab

Wohin man nur blickte

Konnte doch niemand mehr sehen

In dem Staub

In der Wüste

Von den Menschen geschaffen

Keine Geborgenheit mehr

Nur noch Leere

Die alles umfasste

Was es zu umfassen gab

Wenn niemand mehr zuhörte

Niemand mehr aufpasste

Auf den anderen

Der so viel zu berichten hatte

Aus seinem Leben

Wurde nicht mehr gehört

Wie die Hexe

Die auch ganz allein war

Ohne Freunde

Ohne Liebe von anderen

Erstrahlte doch ihre Selbstliebe

Ihr Glück

So groß

Dass sie in sich trug

Erstmal nur

Für sich allein

Würde sehen

Was passierte

Wenn die Menschen es teilten

Wenn sie denn kamen

Doch nicht

Um zu nehmen

Sondern zu geben

Die Liebe

Die in ihren Herzen

Noch übrig war

Doch war es ein langer Weg

So lang zu beschreiten

Für die Menschen

Die nur an sich selbst dachten

Konnten nicht sehen

Den Fehler

Den sie begangen

Nur sehen

Was ihnen Nutzen

Was ihnen einen Zweck erfülle

Waren nicht gelehrt

Nur zu geben

Nur zu nehmen

War ihre Devise

Konnten nicht sehen

Die Zerstörung im Herzen

Die Zerstörung der Menschen

Einer sich selbst

Die anderen

Sich gegenseitig

Konnten nicht sehen

Die Liebe im Herzen

Tief vergraben

Konnten nicht sehen

Was zerstört und vergessen

Über die Jahre

Der Selbstsucht erlegen

Konnten nicht sehen

Was sie getan

Die Hexe

Sie selbst

War der Schlüssel

Von niemandem erkannt

Von niemandem gesehen

Sollte sich zu erkennen geben

Wenn es an der Zeit war

Am richtigen Ort

Alles so passierte

Wie es soll

Musste nur sehen

Wann es sein sollte

Der richtige Zeitpunkt

Schwer zu bestimmen

Für die Menschen

Die nur

An sich selbst dachten

War es schwer zu sehen

Selbst für die Hexe

Die alles sah

Die Kriege der Menschen

Unergründlich für die Hexe

Die nichts gesehen

Nichts gespürt hat

Als es begann

Begann ganz langsam

Und schleichend

Von niemand gesehen

Die Menschen

Sie verloren

Die Menschlichkeit

Die es einst gab

Als alle noch Freunde waren

Als alle noch füreinander da waren

Nicht gegeneinander

Die Menschen sich liebten

So wie sie waren

Es keine Unterschiede gab

Keiner dem anderen nachstand

Als alle gleich

Und doch individuell waren

So wie sie geschaffen

Von jenem

Der alles erschafft

So auch die Hexe

Von ihm erschaffen

Die sich

Um alles sorgt

Was ihm blieb

Die Menschen

Nur noch Trümmern

Keine Menschen mehr

Im eigentlichen Sinn

Musste sehen

Wie alles niederging

Die Menschen in Krieg

Miteinander

Und mit sich selbst

Können nicht lieben

So wie sie es sollten

Haben verloren

Was einst war

Das Paradis auf Erden

Das allen gleich war

Für jeden die Sorge trug

War für alle da

Nicht für den Einzelnen

Der bestimme über alle

Sollte keine Herrschaft geben

Keine Kriege

Alle gleich

Und doch anders

So

Wie sie geboren wurden

In Liebe und Frieden zu anderen

Und allem

Was sie umgab

Das Paradis

Nun ein Trümmerhaufen

Was noch davon blieb

Die Erde

Das Symbol für den Garten

Müssen nun alle warten

Was geschieht

Muss die Hexe kommen

Und alles richten

Sich helfen lassen

Von anderen

Die ihr nur Gutes wollen

Denn Böses

Ist nicht ihr Gebiet

Muss helfen und sehen

Was los ist

Mit den Menschen

Die in Not

Sich ihre Hilfe ersehnen

Doch immer noch nicht wissen

Wer sie ist

Die Hexe des Nordens

Die Hexe des Südens

Des Ostens

Und Westens zugleich

Ist alles was wir haben

Die Menschen zu retten

Dass alles so sein wird

Wie einst

Die Menschen sich lieben

Umeinander Sorgen sollen

So wie es einst geschehen

Soll Liebe kommen

Die Liebe zu allen

Und nicht mehr gehen

Trägt uns die Liebe

Und sonst nichts im Leben

Sind wir reicher

Als jemals zuvor

Sind nicht gebunden

An weltliche Güter

Wird alles besser

Als zuvor

Die Hexe kann helfen

In Worten der Liebe

Der Hoffnung und Heiterkeit zugleich

Muss lernen zu lieben

Die Menschen sich selbst

Und alle anderen gleich

Muss sehen

Erkennen

Was es zu geben

Die Menschen allein

Von Hass getrieben

Können nicht sehen

Die Hexe

Sie fähig

Den Menschen zu helfen

Wo es nur nötig

Müssen sehen

Was sie kann

Mit Worten zu heilen

Mit Worten zu lieben

Ohne die sie nicht leben konnte

Es war an der Zeit

Nun alles zu verändern

Die Menschen zu bekehren

Ihren Willen zu öffnen

Zu bekehren zum Guten

Für alles

Was sein soll

Eine Welt voller Frieden

Eine Welt voller Liebe

Für die Menschen miteinander

Für alle zusammen

Müssen sehen und erkennen

Dass es nur das eine gibt

Das wir

Dass alle umschießt

Das wir

Das allen helfen will

Das wir

Für uns

Und für die Ewigkeit

Die es besser gilt

Gemeinsam zu erleben

Müssen sehen

Was es alles zu entdecken gibt

In der Welt der Wunder

Die uns allen offen steht

Nur sehen

Können sie nicht alle

Sind sie doch blind

So blind für alle

Und alles

Um sie herum

Nur die Hexe sehend

Versuchend zu helfen

Den Menschen

Zu verstehen

Die falschen Wege

Die sie gehen

Nicht sehen

Was sie tun

Was sie falsch machen

In der Welt voller Möglichkeiten

Die Möglichkeiten

Die noch keiner gesehen

Weil keiner zu sehen vermag

Außerhalb dessen

Was sie umgibt

In Routine gefangen

Kein Platz

Für was Neues

Geschieht auch nie

Was soll

Sollen kommen und gehen

Die Menschen in den Himmel

Der voll

Und leer ist zugleich

Der Himmel auf Erden

Sie wiedergeboren

Tun es der Hexe gleich

Müssen sehen und lernen

Was es zu sehen gibt

Zu sehen gibts vieles

Nur nicht

In dieser Welt

Sind die Welten des anderen

Die Welten des Scheins

Hat keiner

Sie je gesehen

Ohne die Menschen

Leben sie glücklich

Die Engel und Tiere zugleich

Geht es weiter

Wie bisher

Ist man sich des Untergangs sicher

Für die Menschen

Die leben

Hier

Müssen erkennen

Was falsch läuft

Können sich nicht trennen

Vom Alten

Müssen loslassen

Und anpacken zugleich

Neues erschaffen

Das

Was es einst gab

Wieder erblühen

Der Himmel auf Erden

Ohne die Bösen

In allen Lebensbereichen

Müssen erkennen

Was sein kann

Wenn alle zusammenhalten

Die Hexe

Nur ein Vergleich

Für die Menschen als Blinde

Die Hexe

Die Sehende

Hat Kräfte der Götter

Im Hier

Muss erkennen

Was geschehen

Wo alles den Anfang nahm

Nachdem nichts mehr war

Wie zuvor

Keine Liebe mehr da war

Zwischen den Menschen

Nur noch Egoismus

Und Hass

Bereit zu erkennen

Wie alles sein soll

Ist es bald an der Zeit

Kommt's aber auch erst dann

Wenn es sein soll

Alles bereit

Seit Jahren geplant

Wovon keiner weiß

Außer die Hexe

Sie weiß

Was geschehen soll

Fragt sich nur

Wann ist es soweit?

Müssen die Menschen erkennen

Vielleicht irgendwann

Doch das wann

Ist wichtig

Wie nie

Die Zeit

Sie läuft ab

Auf diesem Planeten

Muss dringend geschehen

Was soll

Die Hexe

Sie hilflos

Was soll sie nur tun

Wenn niemand mehr aufpasst

Und sieht

Die Menschen zum einen

Die Menschen allein

In Trauer

Und Glück zugleich

Doch keines

Das wahr ist

Nur die Fassade

Kann nicht sehen

Das wahre Glück

Das alles verändert

Alles verbessert

Dass alles wird

Wie es soll

Ist ein langer Weg

Erkennt auch die Hexe

Wird sehen

Wie es geschieht

Muss länger warten

Und warten

Aufs morgen

Das vielleicht nie geschieht

Wird erkennen die Schande

Die Schande der Menschen

Sie erkennen

Wie es um sie geschieht

So lange blind

Müssen irgendwann sehen

Was alles so passiert

Die Ruhe

Kein Frieden

Bei den Menschen

Die Menschen

Nur friedlich im Lärm

Wenn alles so laut ist

Man gar nichts mehr hört

Ist alles gut

Wenn es niemanden stört

Die tauschenden Stimmen

Sie ungehört

Im Lärm der Menschen

Der alles zerstört

Die Gedanken

So giftig

Alles zu gemein

Und fies

Wird keiner so gewinnen

Die Hexe wusste

Ist bald an der Zeit

Die Menschen zu befreien

Sehend zu machen

Wie sie es ist

Werden sehen

Und nicht mehr lachen

Erkennen

Was geschehen

Was getan wurde mit ihnen

Der Mensch

Den Menschen eine Geisel

Konnten nicht sehen

So lange blind

Werden sehen

Was sie zerstört

Der Egoismus

Der Neid

Und auch die Gier

Sind alle schuld an dem Tod

Der einstigen Gesellschaft

Gab es sie denn?

Ist doch alles

Schon so lange her!

Nur die Hexe erinnert sich

Vor langer Zeit

Sie selbst

War noch ein Kind

Vor tausenden Jahren

Lebte sie schon

Im alten Jerusalem

War arm

Und nicht reich

Wusste nicht wohin

War schon früh

Nicht mehr Teil der Gesellschaft

Die sie hasste

Kaute

Und stahl ihnen Essen

Vom Tisch

Von den Theken

Nahm nur

Von den Reichen

Konnte es nicht verstehen

Warum nicht alle so

Warum nicht alle reich

Nicht alle arm waren

Niemand war mehr gleich

Und so war es schwer

Wusste sie doch

Um die Leben der Menschen

Die einst im Paradis lebten

Als alle noch gleich

Alle noch arm

Und zugleich auch reich

Nach allem

Wonach sie sich sehnten

Erschien sogleich

Im Himmelreich

Alles

Was sie sich wünschten

Konnten nicht sehen

Die Arbeit dahinter

Alles zu gestalten

Und machen

Waren faul

In ihrem Reich

Die Arbeit eine Strafe

Die niemand sich wünschte

Von allein

War alles so frei

Und kostenlos für alle

Nur das wir

Das zählte

Man teilte und gab

Niemandem

Dem es mangelte

Die Idee heute skurril

Auch für die Hexe

Die alles anders sah

Was alles geschah

Dass wusste sie nicht

Die Menschen

Veränderten sich

Zogen Grenzen

Sie herrschten

Ganz fürchterlich

Konnten sich nicht mehr retten

Vor den Herrschern aus Stahl

Die nicht mehr sahen

Wie die Menschen

Sich nicht mehr trauten

Hinaus

Oder woanders

War es nicht sicher

Die Menschen hassten sich

Die Hexe allein

Im Wald nun lebend

Seit Jahrtausenden schon allein

Weiß

Um die Missstände

Aber nicht

Wie zu helfen

Wie sollten die Menschen

Nur sehen

Was sie getan

Was mit ihnen passierte

Wenn niemand wusste

Warum

Sie nicht mehr gleich waren

War's ein fataler Fehler?

Die Menschen

Sie müssen lernen

Von der Hexe

Die Hexe jedoch verschmäht

In Angst

Um ihr Leben

Weiß nicht

Wie ihr geschieht

Das Paradis für die Menschen

Müssen sie sich verdienen

So wie einst zu leben

Ist nicht mehr möglich

Die Macht des Bösen zu groß

Die Menschen

Sie denken

Meist nur an sich selbst

Wussten nicht

Wie ihnen geschieht

Sie müssen auch denken

Hauptsächlich an sich

Ist ein Leben

Nicht mehr anders möglich

Denn alles

Was gut

Und gemeinschaftlich ist

Wird gehasst

Von den Menschen des Bösen

Sie wollen nicht teilen

Sie wollen nicht heilen

Die Gesellschaft

Die es von Nöten

Braucht Hilfe im Ganzen

Hilfe durch alle

Die es bekämpfen

Den Kapitalismus im Ganzen

Und alles andere

Was es zu bekämpfen gibt

Die Menschen

Sie warten

So wie die Hexe

Dass endlich alles geschieht

Alles sich ändert

Was es nur muss

Von jetzt auf gleich geschieht

Doch warten sie ewig

Und einsam allein

Müssen sich finden

Verbinden

Und alles sehen

Die Menschen zusammenhalten

Zusammen mit der Hexe

Die alles gesehen

Was es zu verändern gab

Die Menschen so leben

So

Wie sie es früher getan

Noch nicht möglich

Doch etliche Schritte dorthin

Die Hexe

Sie findet

Die einzelnen Menschen

Erkennt

Dass viele schon wach

In der Masse der blinden

Gesteuerten Wesen

Wissen einige

Wie man es macht

In Gemeinschaft zu leben

Ganz im Geheimen

Im Schutz

Vor der äußeren Macht

Die alles zu bestimmen

Alles zu verneinen hat

Zu verneinen

Was sein soll

Zu bejahen

Was nicht

Müssen die Menschen es sehen

Die Bösen ganz oben

Oben an der Macht

Wissen

Um ihre Vergehen

Die Bösen zu wählen

Das schon der Anfang

Der dem Ende zugleich

Müssen sehen

Was geschehen

In ihren Herzen

Die alle sich änderten

Nichts bleibt

Vom Guten

Das einst

So groß

Wie die Erde

Umfasste sie alles zugleich

Noch nie so allein

Wie heutzutage

Die Menschen im Erdenreich

Noch nie so allein

Noch nie so traurig

Grüßen sich die menschlichen Wesen

Die nicht wissen

Was geschieht

Mit ihnen

Und der Welt

Die einst

Ein Paradis auf Erden

Wissen es nicht

Können es nicht sehen

Die Menschen

Sie hilflos allein

Braucht es die Hexe

Sie sucht die Kommunen

Wo alte Werte noch leben

Sucht sie zusammen

Verbindet sie

Noch nicht groß

Doch am wachsen

Müssen alle zusammen

Sich finden im Nichts

Dass alle Menschen umfasst

Der Schritt ist getan

Die Hexe

Sie froh

Wird alles sich verändern

Zum Guten

Wie es sein soll

Kann gar nicht anders sein

Müssen es nur sehen

Nicht lenken

Nicht steuern

Das Gute überall

Sich die Menschen wieder sehen

Sich treffen

An Orten

Die für sie gedacht

Die Menschen sicher

An Orten

Wo niemand sie verrät

Niemand was will

Nur Liebe geben und nehmen

Bis alle wieder gleich sind

Alle sich lieben

Sich wieder in den Armen liegen

Die Arme voll Hoffnung

Die Arme voll Mut

Auch nach draußen zu gehen

Auch andere Menschen bekehren

Sie müssen nur finden

Zum richtigen Weg

Der einer Gemeinschaft gleich

In der alle sich lieben

Respektieren im Kleinsten

Keiner mehr weint

Vor Ungerechtigkeiten

Wird wieder gut

Fehlt nur

Der Mut der Menschen

Die Hexe

Sie schreitet

Mutig voran

Zeigt

Wohin es gehen soll

Werden sehen

Die Menschen

Die so lange blind

Werden es endlich verstehen

Was falsch mit der Welt

Falsch mit den Menschen

Sie müssen es endlich verstehen

Der Weg

Den sie beschritten

Kein guter für niemanden

Müssen es alle sehen

Nicht verschließen

Vor der Wahrheit

Die ganz allein

In ihren Herzen noch wohnt

So tief vergraben

Vom Hass

Und der Wut

Der unendlichen Ungerechtigkeiten

Die Veränderung steht an

Bald ist es soweit

Muss alles bald geschehen

Die Hexe

In Frieden

Sie weiß

Wie es sein wird

Wenn alles nimmt seinen Lauf

Die glücklichen Menschen

Sie überall

Kein trauriges Gesicht zu sehen

Wird alles toll

Wie im Himmelreich

Wird Himmel und Erde zugleich

Die Menschen

Sie lieben

Sich wieder von Herzen

Tun es den Engeln gleich

Die glücklich

Von oben

Blicken hinab

Was die Menschheit zu tun hat

Sehen die Veränderung

Wie sich langsam alles dreht

Es nicht mehr nur

Um Profite geht

Sondern Gemeinschaft und Liebe

Für alle Menschen

Die sich sehnen

Nach dem Himmelreich auf Erden

Werden sehen

Und lernen

Wie alles geht

Müssen erkennen

Wie es

Um ihre Gesundheit steht

Im Herzen der Menschen

Noch alles schwarz

Wird bald wieder rot

Voller Liebe

Die Dunkelheit

Sie schwindet

Aus ihren Herzen

Den Körpern

Und Köpfen zugleich

Wird alles wieder gut

Die Hexe hat's gesehen

Die Vision des Guten auf Erden

Wird kommen schon bald

Für alle Menschen

Müssen nur schwer dafür kämpfen

Gegen die Bösen

Die alles zerstörten

Was früher war eins

Die Menschen sich liebten

Im Himmelreich

War Erde und Himmel zugleich

Nur geteilt wurden sie

Jetzt andere Orte

Nicht sicher

Für die da oben

Zu kommen auf die Erde

Hätten Angst

Um den Tod

Hätten großer Sorge Not

So wie die Hexe

Ist es nur sie

Die ganz allein sein kann

Schon seit tausenden Jahren

Kann zaubern

Und kann sagen

Dass niemand ihr nah kommen soll

Dem göttlichen Kind

Der kommt

Mit bösen Intentionen

Erkennt sie doch

Nun den Fehler

Denn niemand mehr gut

Sondern auch böse

Ist alles eins

Im Schlechten

Muss den Zauber auflösen

Der sie trennt

Von den Menschen

Können nun kommen

Die Guten

Die Bösen zugleich

Liegt es an ihr

Sie zu erkennen

Als das

Was sie sind

Im Erdenreich

Muss ihre Fehler nicht nennen

Erkennt sie gleich

Vom bloßen Sehen

Weiß

Was mit ihnen geschehen

Vor langer Zeit

Welchen Weg sie bestritten

Müssen nur den richtigen finden

Die Hexe

Sie weist

Die Menschen an

Den richtigen Weg zu finden

Ins Himmelreich

Das der Erde gleich

Bald wieder sein soll

Soll alles

Wie früher sein

Wie es soll

Dem Früher

An das keiner sich erinnert

Nichtmal die Hexe

Sie weiß nur den Weg

Kommt ihrer Aufgabe gleich

Die Jahrtausende verstrichen

Jetzt an der Zeit

Alles ins Gute zu wenden

Das Gute musste kommen

Früher oder später

Musste es so soweit sein

Wenn die Gesellschaft am Ende

Nichts mehr funktionierte

Musste sich ein Wendepunkt einstellen

Einer der Alles veränderte

Was es zu verändern gab

Angetrieben von der Hexe

War alles zu schaffen

Was es zu erreichen gab

Leitete sie doch an

Wohin die Menschen gehen sollten

Teilte ihnen

Ihre Lebensaufgabe zu

Erklärte ihnen

Ihren Lebenssinn

Damit niemand mehr verloren ging

Alle wussten

Was sie zu tun hatten

Und wie sie den anderen

Am besten helfen konnten

Und waren die Aufgaben

Manchmal doch so einfach

Waren es nur bestimmte Menschen

Die sie mit vollem Herzen tun konnten

Für andere da zu sein

Sich um andere zu kümmern

Nicht jeder ein geistlicher

Nicht jeder ein Student

Hat alles keinen Sinn

Wenn es nicht passt

Muss nicht jeder werden

Was die falsche Gesellschaft

Ihnen abverlangt

Können sein

Wer sie wollen

Sich so viel Zeit lassen

Wie sie wollen

Müssen erkennen

Dass das andere schön ist

Und niemand

Dadurch benachteiligt wird

Wenn jeder

Seiner eigenen Aufgabe nachgeht

Sind alle glücklich

Alle zufrieden

Können sie doch

Auch ihre Aufgaben wechseln

So

Wie es ihnen beliebt

Sich immer weiterentwickeln

Unterstützt von den anderen

Die ihnen nur Gutes wollen

In der Gemeinschaft

Die alles zulässt

Was gut ist

Gibt es lange Zeit dann

Aber doch wieder zwei Gruppen

Eine des Guten

Und eine des Bösen

Manche auch unentschlossen

Gilt es zu überzeugen

Dass letztendlich

Nur das Gute siegen kann

Kann das Böse

Doch auch nur dann existieren

Wenn es etwas zu zerstören gibt

Kann das Böse

Nicht aktiv besiegt werden

Sondern nur

Von jedem Einzelnen

Der sich für das Gute entscheidet

Damit dem Bösen

Das Handwerk gelegt wird

Das irgendwann nur noch

So klein

Ja

Kaum sichtbar sein wird

Muss es doch auch

Nicht ganz verschwinden

Findet sich hier

Doch auch immer die Kritik

Und die Mängelei

Die das Gute

Noch besser machen kann

Als es jetzt schon sei

Die Hexe zufrieden

Blickt glücklich hinaus

Die Menschen

Sie laufen

Freudig hin und her

In der Natur

Ihrem Wald

Der einst so leer

Kommen vorbei

Wenn sie wollen

Und können glücklich sein

Wissen

Dass das Gute kann siegen

Braucht es nur an Zeit

Die Zeit zu denken

Zu verändern

Und lieben

Die Menschen werden erkennen

Das Gute wird siegen

Nach langer Zeit

Wird endlich alles gut

Fehlte es nur

Ein bisschen an Mut